별 거 아닌 딤섬

하헌수 · 최병철 · 배윤경

D · I · M · S · U · M

양성원

CONTENTS

차례

CONTENTS

CONTENTS

CONTENTS

삼색 찐만두

기본반죽

밀가루 250g,
물(100℃) 140g

속재료

새우 100g, 표고 50g,
파 30g, 생강 7g,
파기름 15g, 소금 1g,
후추 1g, 치킨분말 3g,
조미료 1g

과정

1. 볼에 계량한 밀가루를 넣고 익반죽 해준다.
2. 1을 충분히 치대어 준다.
3. 2의 반죽을 분할하여 밀대로 밀어 피를 만들어 준다.
4. 피에 속재료를 올려준다.
5, 6. 그림과 같이 주름을 만들어 준다.
7. 마지막부분을 잘 눌러서 모양을 다듬어 준다.
8. 찜기에 넣어 10분간 쪄서 완성한다.

TIP

중국의 결혼식장이나 돌잔치 등 경사 때
빨간색, 노란색 만두를 먹는 유래가 있다.

새우 찐빵

虾馒首(xiā mánshǒu) 씨아 만쑈우

기본반죽

식용유 10g,
밀가루 1000g,
베이킹파우더 10g,
생이스트 20g,
설탕 100g,
소금 10g,
물 570g

속재료

새우 100g, 표고 40g,
파 30g, 생강 7g,
청양고추 10g, 파기름 15g,
소금 1g, 후추 1g,
치킨분말 2g, 조미료 1g

과정

1. 볼에 계량한 모든 재료를 고루 섞어 반죽을 하고 30℃에서 30~40분간 발효시킨다.
2. 발효된 반죽을 길쭉하게 만든 후 소량 분할한다.
3. 밀대로 밀어 공기를 빼준다.
4. 속재료를 위에 올려준다.
5. 반으로 접어 끝을 집어준다.
6. 옆으로 당기면서 반대편 안쪽으로 집어주는 것을 반복한다.
7. 속재료가 나오지 않도록 끝부분을 잘 집어준다.
8. 모양을 다듬어 찜기에 넣고 10분간 쪄서 완성한다.

TIP

속은 새우를 넣었지만 모양은 나뭇잎을 형상하고 있다. 흔히 접할 수 있는 만두지만 쉽게 만들어 지지 않는 덤섬이다.

바나나 파이

香蕉酥(xiāngjiāo sū) 씨앙찌아오 쑤

기본반죽

a. 겉반죽

밀가루 500g,
물(치자가루 10g) 260g,
마가린 80g,

b. 속반죽

밀가루 500g, 마가린 300g

속재료(5개 기준)

백앙금 40g, 바닐라에센스 1mg

과정

1~3. 기본반죽 재료 a, b를 각각 계량하여 반죽 한다.

4. 겉반죽을 치대어 얇게 민 뒤 그 위에 속반죽을 올려 표면을 그림과 같이 평평하게 펴준다.

5. 겉반죽이 속반죽을 감싸도록 덮어서 끝부분을 집어준다.

6. 15분간 비닐을 덮어 휴지(休止)를 시킨 뒤 직사각형 모양으로 밀어준다.

7. 3절 접기를 1회 한다.

8. 반죽을 2cm 높이가 되도록 밀어 6등분으로 잘라 겹쳐준다.

9. 겹친 반죽을 0.5cm 간격으로 잘라준다.

10. 9를 밀대로 살짝 밀어준다.

11. 10위에 앙금을 올려 돌돌 말아준다.

12. 결이 뭉개지지 않도록 바나나모양을 만들어준다.

13. 140℃ 낮은 온도의 기름에서 3~4분간 서서히 튀겨 완성한다.

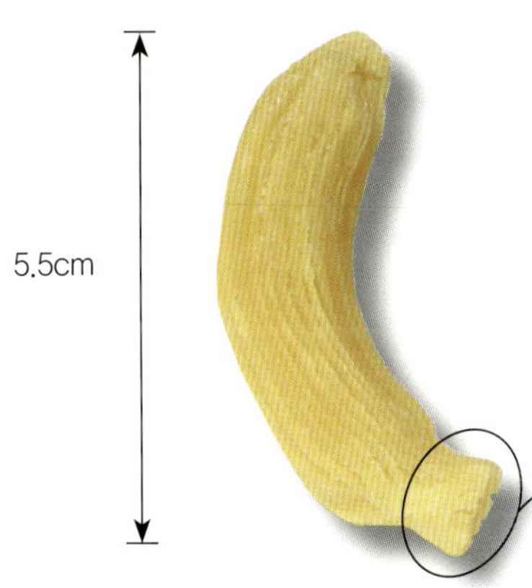

끝부분을 꽉 잡아주어야
튀길때 풀어지지 않는다.

TIP

바나나를 형상하였으며 여러개를 만들어
바나나 한 다발로 표현할 수도 있다.

반달

기본반죽

a. 밀가루 250g, 물(100℃) 140g,
b. 감자전분 250g, 물(100℃) 130g

속재료

닭고기 100g, 파 30g
양파 30g, 표고 10g,
생강 7g, 파기름 25g,
소금 1g, 후추 2g,
치킨분말 3g, 조미료 1g

과정

1. 기본반죽 재료 a, b를 각각 계량하여 익반죽 한다.
2. 각각 반죽한 기본반죽 a, b를 섞어서 치대준다.
3. 2의 반죽을 소량 분할하여 피를 밀대로 밀어 준비한다.
4. 속재료를 넣고 피를 반으로 접어 그림과 같이 주름을 말아 올린다.
5, 6. 그림과 같이 피를 잡아 모양이 나오도록 만들어준다.
7. 모양을 다듬고 찜기에 넣어 10분간 쪄서 완성한다.

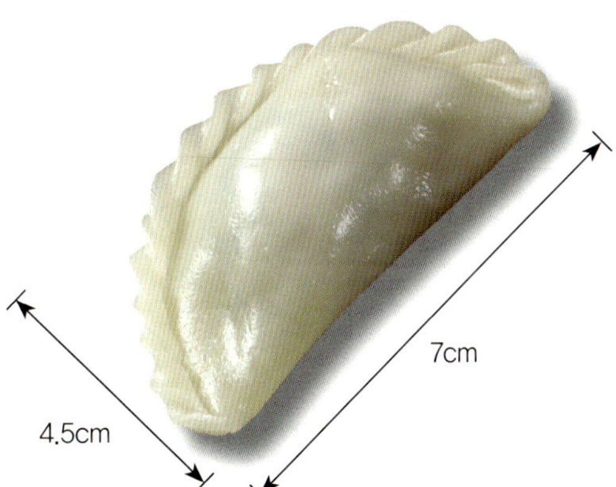

TIP

만두피를 얇게 밀어 주름을 촘촘히 넣어주며,
소를 많이 넣을수록 예쁜 모양이 나온다.

땅콩

花生(huāshēng) 화셩

기본반죽

밀가루 250g,
물(100℃) 140g,
코코아가루 10g

속재료

백앙금 20g, 땅콩 20g

과정

1. 볼에 계량한 밀가루를 넣고 익반죽 한다.
2. 1을 충분히 치대어 준다.
3. 2의 반죽을 소량 분할하여 밀대로 밀어 피를 만들어준다.
4. 3의 만두피에 앙금을 넣어준다.
5. 그림과 같이 공모양으로 만들어 집어준다.
6. 엄지를 이용하여 가운데 부분을 밀어 조랭이떡 모양을 만들어준다.
7. 6의 양쪽 끝을 뾰족하게 하고 그림과 같이 주름을 넣어 땅콩 모양을 만들어준다.
8. 뾰족한 도구를 이용하여 땅콩의 껍질을 표현하여 준다.
9. 찜기에 넣어 10분간 쪄서 완성한다.

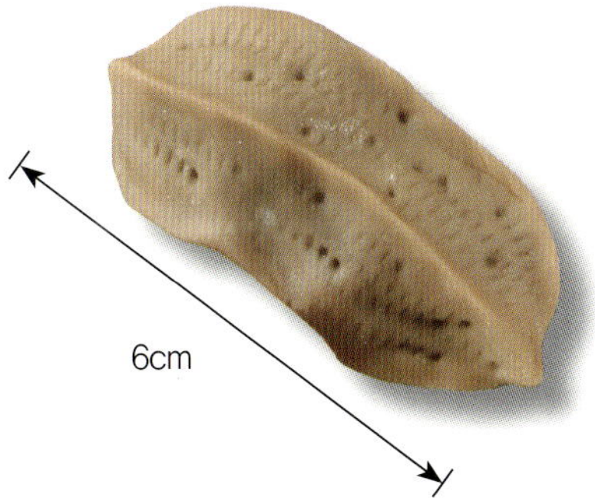

TIP

껍질땅콩을 형상하였으며,
달콤하며, 고소한 맛을 내는게 특징이다.

삼색교

기본반죽

밀전분 150g,
감자전분 150g,
물(100℃) 300g

속재료

소고기 100g, 양파 80g,
파 40g, 표고 20g,
마늘 10g, 생강 5g,
파기름 36g, 후추 2g,
치킨분말 6g, 조미료 2g

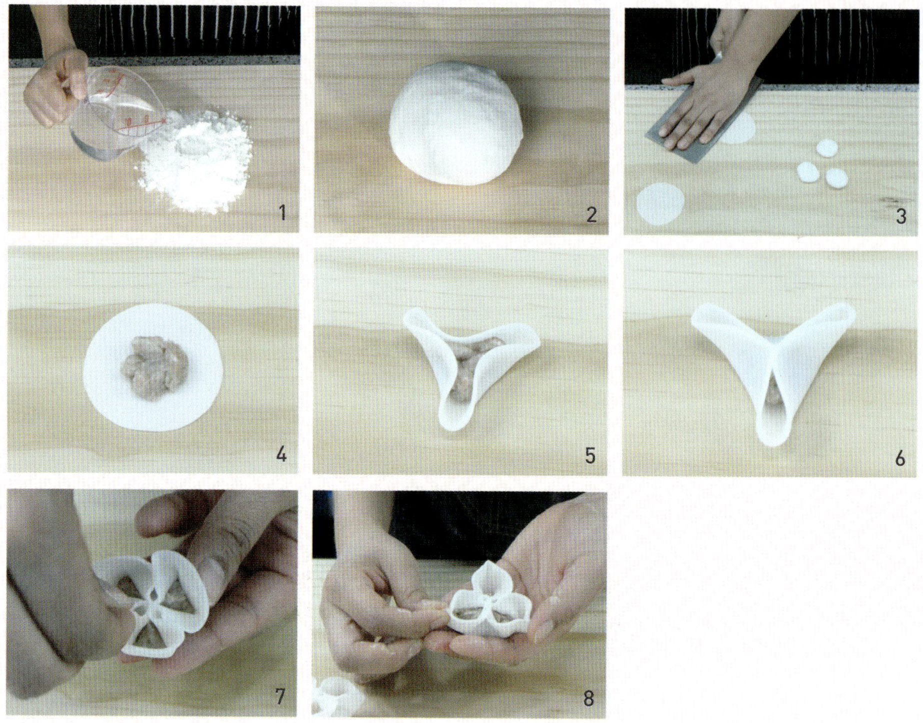

과정

1. 모든 재료를 각각 계량한다.
2. 볼에 밀전분과 감자전분을 넣고 익반죽 한다.
3. 딤섬칼을 이용하여 피를 만들어 준다.
4. 피에 속재료를 올려준다.
5. 피를 3등분 하여 안으로 넣어 삼각형모양으로 만들어 준다.
6. 가운데를 집어준다.
7. 두 개의 피에 옆쪽을 집어 그림과 같이 가운데 구멍 3개를 만들어 준다.
8. 3개의 끝부분을 집고 모양을 다듬어 준다.
9. 찜기에 넣어 7분간 찐 후 파프리카와 당근, 청피망을 이용하여 고명을 얹은 후 완성한다.

노란 파프리카
당근
청피망

주름삼각형딤섬

褶三角饺子(zhě sān jiǎo jiǎozi) 쪄 싼 찌아오 찌아오즈

기본반죽

a. 밀가루 250g,
　물(시금치물) 140g,
b. 감자전분 250g,
　물(100℃) 130g

속재료

돼지고기 100g, 파 50g,
표고 20g, 생강 5g,
파기름 30g, 소금 1g,
후추 1g, 치킨분말 3g,
조미료 2g

과정

1. 기본반죽 재료 a, b를 각각 계량하여 익반죽 한다.
2. 각각 반죽한 기본반죽 a, b를 섞어서 치대준다.
3. 2의 반죽을 소량 분할하여 피를 밀대로 밀어 준비한다.
4. 만두피에 소를 넣고 그림과 같이 삼각형으로 만들어 준다.
5. 삼각형을 만든 후 속재료가 나오지 않도록 윗부분을 집어준다.

6, 7. 그림과 같이 주름 모양으로 만들어 준다.

8. 모양을 다듬고 찜기에 넣어 10분간 쪄서 완성한다.

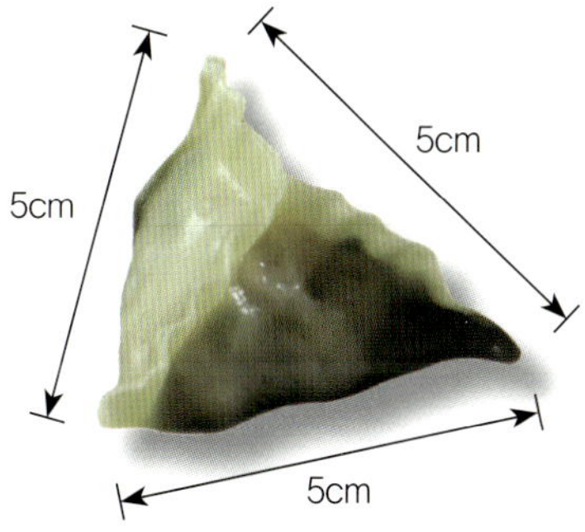

TIP

반죽피는 가급적 얇게 밀어, 정삼각형으로 접고, 주름도 촘촘히 넣어야 예쁘게 만들 수 있다.

2색 8딤섬

八饺子(bā jiǎozi) 빠 찌아오즈

기본반죽

a. 밀가루 250g, 물(100℃) 140g,
백련초 가루 10g

b. 밀가루 250g,
시금치물(100℃) 140g

속재료

새우 100g, 표고 50g,
파 30g, 생강 7g,
파기름 15g, 소금 1g,
후추 1g, 치킨분말 3g,
조미료 1g

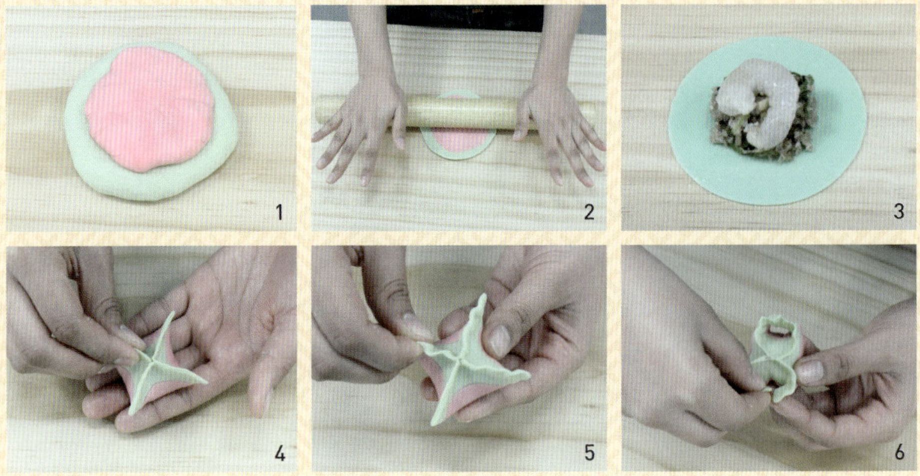

과정

1. 기본반죽 재료 a, b를 각각 계량하여 익반죽 한다.
2. 시금치 반죽과 백련초 반죽을 소량씩 분할하여 겹친 다음 밀대로 밀어 얇게 펴준다.
3. 피를 뒤집어 소를 채운다.
4. 사각형으로 접어 소가 빠지지 않게 윗 부분을 잘 집어 준다.
5. 윗부분을 위아래 집어 그림과 같이 주름을 만들어 준다.
6. 접은 꼭지점 2개씩 양쪽을 집어 8자로 만든다.
7. 모양을 다듬고 찜기에 넣어 10분간 쪄서 완성한다.

8자를 뜻하며 이는 중국인들이
가장 좋아하는 숫자를 뜻한다.
4cm
6cm

조개 껍질 파이

贝壳酥(bèiké sū) 뻬이크어 쑤

기본반죽

a. 겉반죽
밀가루 500g,
물 260g,
마가린 80g

b. 속반죽
밀가루 500g,
마가린 300g

속재료

초코잼 10g

과정

1~3. 기본반죽 재료 a, b를 각각 계량하여 반죽 한다.

4. 겉반죽을 치대어 얇게 민 뒤 그 위에 속반죽을 올려 표면을 그림과 같이 평평하게 펴 준다.

5. 겉반죽이 속반죽을 감싸도록 덮어서 끝부분을 집어준다.

6. 15분간 비닐을 덮어 휴지(休止)를 시킨 뒤 직사각형 모양으로 밀어준다.

7. 3절 접기를 1회 한다.

8. 반죽을 1cm 높이가 되도록 밀어 10 × 15cm 크기로 잘라준다.

9. 8을 밀대로 살짝 밀어준 뒤 초코잼을 발라 돌돌 말아준다.

10. 9를 0.5cm 간격으로 잘라준다.

11. 밀대로 살짝 밀어준다.

12. 앙금을 넣고 말아서 럭비공 모양으로 만들어준다.

13. 140°C 낮은 온도의 기름에서 3~4분간 서서히 튀겨 완성한다.

TIP

초코잼이 골고루 발라져야 예쁜 소용돌이 모양이 나온다.

화권

花卷(huājuǎn) 후아지엔

기본반죽

식용유 10g,
밀가루 1000g,
베이킹파우더 10g,
생이스트 20g,
설탕 100g,
소금 10g,
물 570g

과정

1. 볼에 모든 재료를 넣고 섞은 후 반죽을 만들어 준 뒤 30℃에서 30~40분간 발효시킨다.
2. 발효된 반죽을 소량을 떼어내어 공기를 빼준다.
3. 밀대를 이용하여 반죽을 직사각형 모양으로 밀어준다.
4. 직사각형으로 만든 뒤 식용유를 한 쪽 면에 고르게 발라준다.
5. 반죽을 돌돌 말아준다.
6. 마무리 부분을 잘 집어주고 길쭉하게 모양을 잡아준다.
7. 3~4cm로 잘라준다.
8. 자른 반죽의 가운데를 젓가락으로 누른다.
9. 위로 뒤집어 준다.
10. 끝부분을 젓가락으로 누른다.
11. 윗부분을 잡아 밑으로 당기면서 젓가락으로 누른 부분을 돌려준다.
12. 모양이 망가지지 않도록 젓가락을 빼서 모양을 잡아준다.
13. 찜기에 넣어 10분간 쪄서 완성한다.

TIP

반죽에 식용유를 바르고
다진파를 골고루 많이 뿌려서 말아 찌면
또 다른 꽃빵의 맛을 느낄 수 있다.

가리비 찐빵

扇贝馒首(shànbèi mánshǒu) 샨베이 만쇼우

기본반죽

식용유 10g,
밀가루 1000g,
베이킹파우더 10g,
생이스트 20g,
설탕 100g,
소금 10g,
물 570g

과정

1. 볼에 모든 재료를 넣고 고루 섞은 후 30℃ 온도에서 30~40분간 발효시킨다.
2. 발효가 된 반죽을 길쭉하게 만든 후 손으로 떼 준다.
3. 밀대로 밀어 공기를 빼준다.
4. 2개의 피를 만들어 한 쪽 면에만 기름을 발라준다.
5. 기름을 바른 면이 안쪽으로 가도록 2개의 피를 붙여준다.
6. 밀대로 살짝 밀어준다.
7. 지름 6cm 원형틀로 찍어 준다.
8. 그림과 같이 윗부분을 집어 준다.
9. 윗부분을 잡고 도구를 이용하여 주름을 잡아준다.
10. 모양을 다듬고 찜기에 넣어 10분간 쪄서 완성한다.

TIP

2장을 겹쳐서 만든 찐빵으로 먹을 때 2장 속에 고추잡채, 부추잡채, 경장육사와 같은 요리를 넣어서 샌드위치 처럼 먹는다.

나팔꽃 딤섬

喇叭花饺子(lǎbahuā jiǎozi) 라바화 찌아오즈

기본반죽

밀전분 150g,
감자전분 150g,
물(100℃) 300g

속재료

새우 100g, 표고 40g,
파 30g, 생강 7g,
청양고추 10g, 파기름 15g,
소금 1g, 후추 1g,
치킨분말 2g, 조미료 1g

과정

1. 모든 재료를 각각 계량한다.
2. 볼에 밀전분과 감자전분을 넣고 익반죽 한다.
3. 2의 반죽을 소량 분할하고 딤섬칼을 이용하여 피를 만들어 준다.
4. 정삼각형을 만들어 양 옆 피를 접어준다.
5. 밑에 쪽도 접어서 그림과 같이 정삼각형을 만들어준다.
6. 뒤집어서 속재료를 올려준다.

7, 8. 꼭지점을 올린 다음 모서리를 붙여준다.

9, 10. 그림과 같이 위아래 반복하면서 주름을 만들어준다.

11. 잎부분을 올리고 모양을 다듬어 준다.
12. 찜기에 넣어 7분간 쪄서 완성한다.

TIP

밀전분으로 반죽하면 하얀색이지만
찜통에서 완전히 익으면 투명해진다.

돼지고기와 새우 딤섬

鲜虾干蒸烧卖(xiā zhēng shāomai) 씨엔 씨아깐 쩡 샤오마이

기본반죽

a. 감자전분 250g,
물(100℃) 130g

b. 밀가루 250g, 물(100℃) 140g,
치자가루 10g

속재료

돼지고기 100g, 파 50g,
표고 20g, 생강 5g,
파기름 30g, 소금 1g,
후추 1g, 치킨분말 3g,
조미료 2g
칵테일새우 5마리(5개 기준)

과정

1. 기본반죽 재료 a, b를 각각 계량하여 익반죽 한다.
2. 각각 반죽한 기본반죽 a, b를 섞어서 치대준다.
3. 2의 반죽을 소량 분할하여 피를 밀대로 밀어 준비한다.
4. 피를 손위에 둔다.
5, 6. 만두피에 소를 꾹꾹 눌러서 담는다.
7. 엄지와 검지를 이용하여 그림과 같이 눌러준다.
8. 익혀둔 작은 새우를 고명으로 올린다.
9. 모양을 다듬어 찜기에 넣고 10분간 쪄서 완성한다.

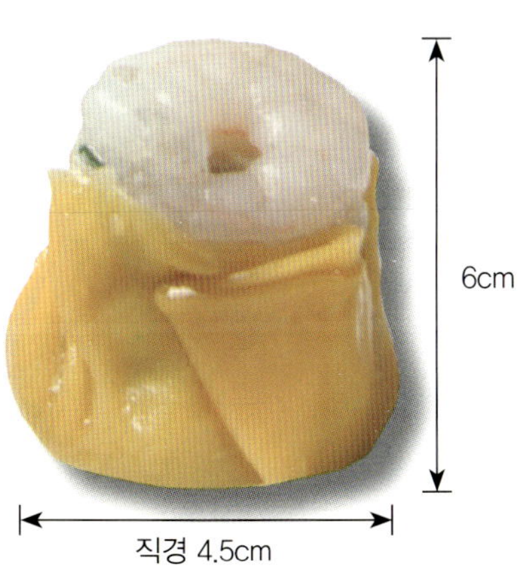

TIP

'마이'는 꽃봉오리처럼 윗부분이 열려있는 딤섬을 가리키며, '쇼'는 새우를 가리켜 쇼마이라고도 한다.

국화딤섬

菊花饺子(júhuā jiǎozi) 지우화 찌아오즈

기본반죽

a. 밀가루 250g, 물(100℃) 140g

b. 감자전분 250g, 물(100℃) 130g

속재료

새우 100g, 표고 40g,
파 30g, 생강 7g,
청양고추 10g, 파기름 15g,
소금 1g, 후추 1g,
치킨분말 2g, 조미료 1g

고명

계란 노른자

과정

1. 기본반죽 재료 a, b를 각각 계량하여 익반죽 한다.
2. 각각 반죽한 기본반죽 a, b를 섞어서 치대준다.
3. 2의 반죽을 소량 분할하여 피를 밀대로 밀어 준비한다.
4. 속재료를 넣어 준다.
5. 피를 5등분 하여 안으로 넣어 오각형모양으로 만들어 준다.
6. 가운데를 집어준다.
7. 두 개의 피에 옆쪽을 집어 그림과 같이 가운데 구멍 5개를 만들어 준다.
8. 가위를 이용하여 그림과 같이 잘라준다.
9. 계란을 삶아 노른자를 곱게 다지거나 체에 내린다.
10. 찜기에 넣어 10분간 찐 후 계란 노른자를 고명으로 얹은 후 완성한다.

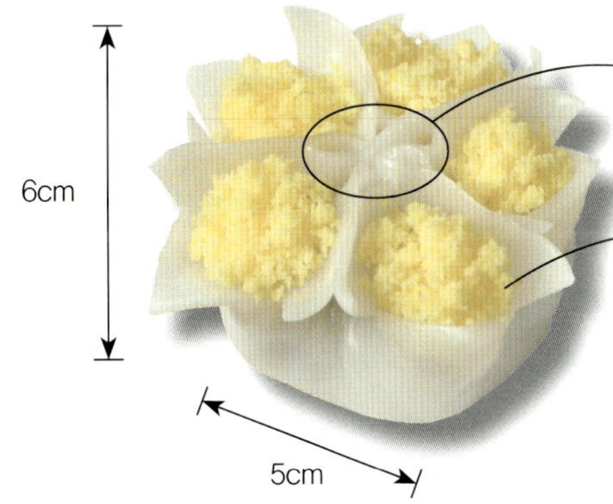
6cm
5cm
5개의 구멍이 생겨야 한다.
삶은 노른자를 체에 내려서 고명으로 사용하여 국화 꽃을 형상한다.

배 딤섬

船饺子(chuán jiǎozi) 촨 찌아오즈

기본반죽

밀가루 250g,
물(100℃) 140g

속재료

새우 100g, 파 30g,
생강 7g, 파기름 15g,
소금 1g, 후추 1g,
치킨분말 2g, 조미료 1g

고명

당근, 청피망

과정

1. 볼에 계량한 밀가루를 넣고 익반죽 한다.
2. 충분히 치댄 반죽을 소량 분할하여 밀대로 밀어 피를 만들어준다.
3. 그림 3, 4와 같이 피의 끝부분을 잡어 올리면서 접어둔다.
4. 피를 뒤집어서 속재료를 올려준다.
5. 반을 접어 양 쪽 끝을 안쪽으로 넣어 그림 6과 같이 만들어 준다.
6. 양쪽 끝을 집어 준다.
7. 모양을 다듬고 찜기에 넣어 10분간 쪄서 완성한다.
8. 당근과 청피망은 0.5cm 크기의 정육면체로 썰어 살짝볶아 고명으로 올린다.

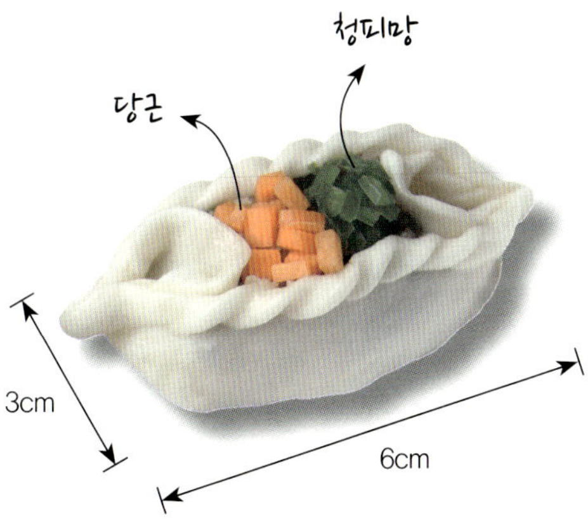

TIP

본 딤섬은 중국의 나룻배를 형상하였으며 중국인들도 만들기 어렵게 여기는 딤섬 중의 하나이다.

벌집말이 딤섬

马蜂窝饺子(mǎfēngwō jiǎozi) 마펑워 찌아오즈

기본반죽

밀가루 150g, 설탕 30g,
흰자 35g, 식용유 20g,
물 150g, 베이킹파우더 7g

속재료

돼지고기 100g, 파 50g,
표고 20g, 생강 5g,
파기름 30g, 소금 1g,
후추 1g, 치키분말 3g,
조미료 2g

과정

1. 기본반죽의 모든 재료를 각각 계량한다.
2. 볼에 모든 재료를 넣고 골고루 섞는다.
3. 반죽을 20분간 랩을 싸서 실온에 둔 뒤 약불로 달구워진 팬에 반죽을 붓는다.
4. 팬을 기울여 사각형 모양이 되도록 펼쳐준다.
5. 반죽에 기포가 생기도록 약불에서 익혀준다.
6. 식은 반죽을 직사각형으로 자른다.
7. 반죽을 뒤집은 후에 속재료를 올려준다.

8, 9. 당겨 가면서 돌돌 말아준다.

10. 먹기 좋은 크기로 잘라 완성한다.

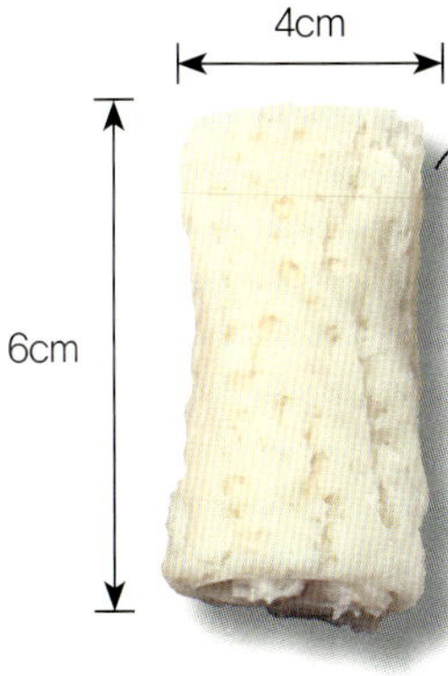

약불에서 서서히 익혀야
기포가 잘 생긴다.

TIP

달콤한 생크림과 과일을 넣고 말아도 맛있는
딤섬이 된다.

모과파이

木瓜酥(mùguā sū) 모과 쑤

기본반죽

a. 겉반죽
밀가루 500g,
물(치자가루 10g) 260g,
마가린 80g

b. 속반죽
밀가루 500g, 마가린 300g

속재료(5개 기준)

팥앙금 40g, 건모과 10g

과정

1~3. 기본반죽 재료 a, b를 각각 계량하여 반죽 한다.

4. 겉반죽을 치대어 얇게 민 뒤 그 위에 속반죽을 올려 표면을 그림과 같이 평평하게 펴 준다.

5. 겉반죽이 속반죽을 감싸도록 덮어서 끝부분을 집어준다.

6. 15분간 비닐을 덮어 휴지(休止)를 시킨 뒤 직사각형 모양으로 밀어준다.

7. 3절 접기를 1회 한다.

8. 반죽을 1cm 높이가 되도록 밀어 6등분으로 잘라 겹쳐준다.

9. 겹친 반죽을 0.5cm 간격으로 잘라 살짝 밀어준 뒤 사다리꼴 모양으로 잘라준다.

10. 안에 앙금을 넣어준다.

11. 10을 돌돌 말아 준다.

12. 겹치는 부분을 집고, 양쪽 끝을 마무리 한 뒤 모과모양을 만들어 준다.

13. 140℃ 낮은 온도의 기름에서 3~4분간 서서히 튀겨 완성한다.

TIP

마감 처리한 부분을 잘 집어줘야 튀길때 풀어지지 않는다.

사과파이

苹果酥(píngguǒ sū) 핑궈 쑤

기본반죽

a. 겉반죽

밀가루 500g,
물(시금치물) 260g,
마가린 80g

a. 속반죽

밀가루 500g, 마가린 300g

속재료(5개 기준)

백앙금 50g

과정

1~3. 기본반죽 재료 a, b를 각각 계량하여 반죽 한다.

4. 겉반죽을 치대어 얇게 민 뒤 그 위에 속반죽을 올려 표면을 그림과 같이 평평하게 펴준다.

5. 겉반죽이 속반죽을 감싸도록 덮어서 끝부분을 집어준다.

6. 15분간 비닐을 덮어 휴지(休止)를 시킨 뒤 직사각형 모양으로 밀어준다.

7. 3절 접기를 1회 한다.

8. 반죽을 1cm 높이가 되도록 밀어 10 × 15cm 크기로 잘라준다.

9. 8를 밀대로 살짝 밀어준 뒤 돌돌 말아준다.

10. 9를 0.5cm 간격으로 잘라준다.

11. 밀대로 살짝 밀어준다.

12. 앙금을 넣고 말아서 공모양으로 만들어준다.

13. 140°C 낮은 온도의 기름에서 3~4분간 서서히 튀겨 완성한다.

TIP

아오리 사과를 형상하였으며
백년초 가루를 넣어 빨갛게도 만들 수 있다.

4각뿔 딤섬

기본반죽

밀가루 250g,
물(100℃) 140g,
백련초가루 10g

속재료

돼지고기 100g, 부추 30g,
파 20g, 죽순 20g,
표고 30g, 생강 5g,
파기름 30g, 소금 1g,
후추 1g, 치킨분말 1g,
조미료 2g

과정

1. 볼에 계량한 재료를 넣고 익반죽한 뒤, 소량 분할하여 피를 만들어준다.
2. 피에 속재료를 올려준다.
3. 피를 8등분 하여 안으로 넣어 팔각형모양으로 만들어 준다.
4, 5. 가운데를 남겨두고 양쪽 끝을 집어 준다.
6, 7. 모서리부분을 2개씩 이어서 4각형모양으로 그림과 같이 만들어 준다.
8. 모양을 다듬고 찜기에 넣어 10분간 쪄서 완성한다.

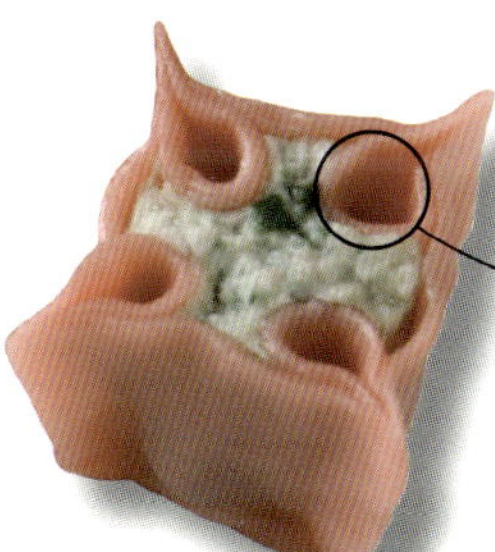

TIP

여기에 완두콩을 넣어 포인트를 주는것도 괜찮은 모양이다.

장미꽃 딤섬

玫瑰饺子(méigui jiǎozi) 메이꾸이 찌아오즈

기본반죽

식용유 10g,
밀가루 1000g,
베이킹파우더 10g,
생이스트 20g,
설탕 100g,
소금 10g,
물 570g

속재료

새우 100g, 파 30g,
생강 7g, 파기름 15g,
소금 1g, 후추 1g,
치킨분말 2g, 조미료 1g

과정

1. 볼에 모든 재료를 넣고 손으로 섞은 후 반죽을 하여 30℃에서 30~40분간 발효시킨다.
2. 발효된 반죽을 길쭉하게 만든 후 소량 분할한다.
3. 밀대로 밀어 공기를 빼준다.
4. 4등분 하여 가운데 1cm를 남긴 후 칼집을 넣어준다.
5. 피에 속재료를 올려준다.
6. 한 개의 피로 속재료를 감싸준다.

7, 8. 나머지 피도 모두 붙여준 후 옆 면을 다듬어 준다.

9. 오븐에 넣어 170℃에서 15분간 구워 완성한다.

TIP

찐빵 반죽을 사용하여 구운 딤섬이다.
겉은 바삭하고 속은 부드럽게 느껴지는 맛이
일품이다.

탁구공 파이

기본반죽

a. 겉반죽

밀가루 500g,

물 260g,

마가린 80g

b. 속반죽

밀가루 500g, 마가린 300g

속재료(5개 기준)

팥앙금 40g, 크랜베리 40g

계란 1개

과정

1~3. 기본반죽 재료 a, b를 각각 계량하여 반죽 한다.

4. 겉반죽을 치대어 얇게 민 뒤 그 위에 속반죽을 올려 표면을 그림과 같이 평평하게 펴 준다.

5. 겉반죽이 속반죽을 감싸도록 덮어서 끝부분을 집어준다.

6. 15분간 비닐을 덮어 휴지(休止)를 시킨 뒤 직사각형 모양으로 밀어준다.

7. 3절 접기를 1회 한다.

8. 반죽을 0.5cm 높이로 밀어준다.

9. 지름 6cm 원형틀로 찍어준다.

10. 앙금을 넣고 겹치는 부분을 집어 공모양으로 만들어준다.

11. 계란물을 묻혀준다.

12. 170°C에서 15분간 오븐에서 구워 완성한다.

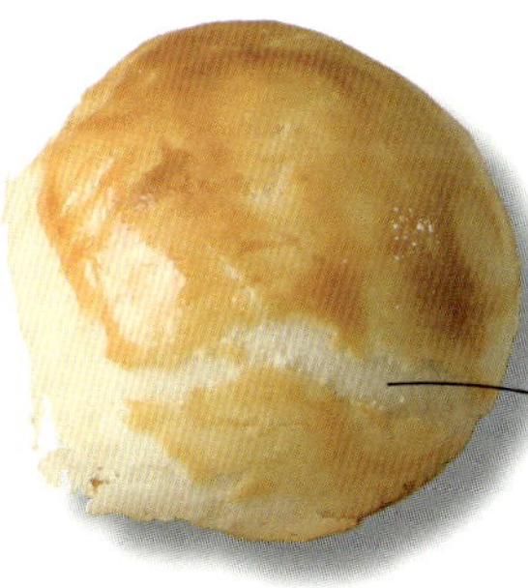

구우면서 반죽이 부풀어
생기는 흔적이다.

TIP

잘라보면 파이 층이 생겨 있으며
바삭하며 달콤한 덤섬을 즐길 수 있다.

건륭 찐 딤섬

乾隆蒸饺(Qiánlóng zhēngjiǎo) 치엔롱 쪙찌아오

기본반죽

a. 밀가루 250g, 물(100℃) 140g

b. 감자전분 250g, 물(100℃) 130g

속재료

닭고기 100g, 파 30g,
양파 30g, 표고 10g,
생강 7g, 파기름 25g,
소금 1g, 후추2g,
치킨분말 3g, 조미료 1g

고명

홍피망, 청피망,
노란파프리카, 불린 표고버섯

과정

1. 기본반죽 재료 a, b를 각각 계량하여 익반죽 한다.
2. 각각 반죽한 기본반죽 a, b를 섞어서 치대준다.
3. 2의 피를 밀대로 밀어 준비한다.
4. 피를 4등분 하여 안으로 넣어 그림처럼 만들어 준다.
5. 가운데를 집고 4개의 큰 구멍을 만들어 준다.

6, 7. 4개의 끝부분을 집어준다.

8. 두 개의 피에 옆쪽을 집어 그림과 같이 가운데 작은 구멍4개를 만들어 준다.
9. 청 · 홍피망, 파프리카 표고버섯을 0.5cm 정육면체로 썰어 팬에 살짝 볶는다.
10. 모양을 다듬고 찜기에 넣어 10분간 찐 후 피망, 파프리카, 표고버섯을 이용하여 고명을 얹은 후 완성한다.

4 개의 구멍이 생겨야 한다.
홍피망
청피망
표고버섯
노란색 파프리카
4cm

검은 연잎 파이

黑荷叶酥(hēihéyè sū) 헤이허예 쑤

기본반죽

a.겉반죽

밀가루 500g,
물(오징어먹물 10g) 260g,
마가린 80g

b. 속반죽

밀가루 500g, 마가린 300g

속재료(5개 기준)

백앙금 40g

과정

1~3. 기본반죽 재료 a, b를 각각 계량하여 익반죽 한다.

4. 겉반죽을 치대어 얇게 민 뒤 그 위에 속반죽을 올려 표면을 그림과 같이 평평하게 펴준다.

5. 겉반죽이 속반죽을 감싸도록 덮어서 끝부분을 집어준다.

6. 15분간 비닐을 덮어 휴지(休止)를 시킨 뒤 직사각형 모양으로 밀어준다.

7. 3절 접기를 1회 한다.

8. 반죽을 0.5cm 높이로 밀어 지름 5cm 원형틀로 찍고, 앙금을 넣어준다.

9. 겹치는 부분을 집어 공모양으로 만들어준다.

10. 그림과 같이 위에 6등분으로 칼집을 넣어준다.

11. 140°C 낮은 온도의 기름에서 3~4분간 서서히 튀겨 완성한다.

TIP

천년에 한 번 핀다는
검은색 연꽃을 형상하였다.

가오리 딤섬

鳐鱼饺子(yáoyú jiǎozi) 야오위 찌아오즈

기본반죽

밀전분 150g,
감자전분 150g,
물(100℃) 300g

속재료

새우 100g, 표고 50g,
파 30g, 생강 7g,
스트링치즈 3g, 후추 1g,
치킨분말 3g, 조미료 1g

고명

흑임자, 꽃게 집게

과정

1. 모든 재료를 각각 계량한다.
2. 볼에 밀전분과 감자전분을 넣고 익반죽 한다.
3. 반죽을 소량 분할하여 딤섬칼을 이용하여 피 2장을 만들어 준다.
4. 피에 속재료를 올린다.
5. 그림과 같이 꽃게 집게발을 넣어준다.
6. 5위에 피를 덮어준다.
7. 그림과 같이 양 끝을 잘 눌러준다.

8, 9. 만두피를 잡고 돌리는 과정을 반복하며 그림과 같은 모양이 나오도록 만들어 준다.

10. 속재료가 나오지 않도록 마지막을 잘 집어준다.
11. 뒤집은 후 입체감을 주기 위해 가운데를 집어준다.
12. 모양을 다듬고 찜기에 넣어 7분간 쪄서 완성한다.

TIP

꽃게 집게 윗부분을 사용했지만,
좀 더 강렬하게 보일려면 킹크랩 집게를
사용하는게 좋다.

빠오즈

包子(bāozi) 빠오즈

기본반죽

식용유 10g,
밀가루 1000g,
베이킹파우더 10g,
생이스트 20g,
설탕 100g,
소금 10g,
물 570g

속재료

돼지고기 100g, 파 50g,
표고 20g, 생강 5g,
파기름 30g, 소금 1g,
후추 1g, 치킨분말 3g,
조미료 2g

과정

1 볼에 모든 재료를 넣고 섞은 후 반죽을 하고 30℃에서 30~40분간 발효시킨다.

2. 발효된 반죽을 소량 분할한다.

3. 밀대로 밀어 공기를 빼준다.

4. 피에 속재료를 올려준다.

5~8. 피를 계속 당기며 그림과 같이 주름잡는 법을 잘 숙지하며 신중히 접어준다.

9. 모양을 다듬고 찜기에 넣어 10분간 쪄서 완성한다.

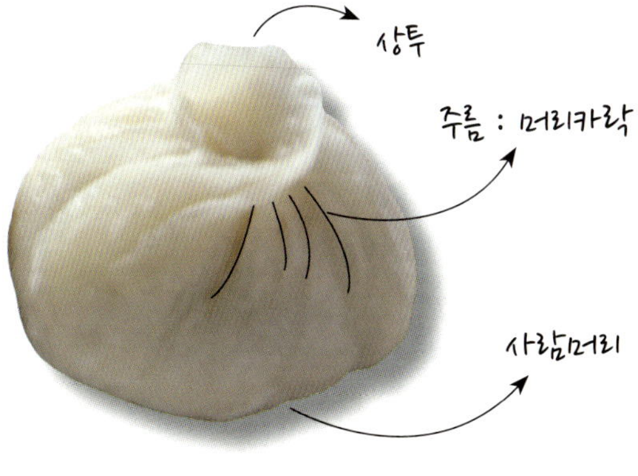

TIP

이는 사람의 머리모양을 본떠 만든 만두로
만두의 시초이다.

축구공 파이

足球酥(zúqiú sū) 주치우 쑤

과정

1~3. 기본반죽 재료 a, b를 각각 계량하여 반죽 한다.

4. 겉반죽을 치대어 얇게 민 뒤 그 위에 속반죽을 올려 표면을 그림과 같이 평평하게 펴준다.

5. 겉반죽이 속반죽을 감싸도록 덮어서 끝부분을 집어준다.

6. 15분간 비닐을 덮어 휴지(休止)를 시킨 뒤 직사각형 모양으로 밀어준다.

7. 3절 접기를 1회 한다.

8. 흰 반죽을 0.5cm 높이로 밀어 길이대로 얇게 잘라준다.

9. 검은색 반죽도 8과 같이 해준다.

10. 8, 9번을 이용하여 격자무늬로 만들어준다.

11. 밀대로 살짝 밀어 준다.

12. 지름 5cm 원형틀로 찍고 앙금을 넣어 공모양을 만들어준다.

13. 140°C 낮은 온도의 기름에서 3~4분간 서서히 튀겨 완성한다.

기본반죽

a. 겉반죽

밀가루 500g,

물(오징어먹물 10g) 260g,

마가린 80g

b. 속반죽

밀가루 500g, 마가린 300g

속재료(5개 기준)

팥앙금 40g

TIP

한입 크기로 만들어 주는 것이 좋다.

금붕어 파이

金鱼酥(jīnyú sū) 찐위 쑤

기본반죽

a. 겉반죽
밀가루 500g,
물(파란식용색소 3g) 260g,
마가린 80g

b. 속반죽
밀가루 500g, 마가린 300g

속재료(5개 기준)

팥앙금 40g

과정

1~3. 기본반죽 재료 a, b를 각각 계량하여 반죽 한다.

4. 겉반죽을 치대어 얇게 민 뒤 그 위에 속반죽을 올려 표면을 그림과 같이 평평하게 펴준다.

5. 겉반죽이 속반죽을 감싸도록 덮어서 끝부분을 집어준다.

6. 15분간 비닐을 덮어 휴지(休止)를 시킨 뒤 직사각형 모양으로 밀어준다.

7. 3절 접기를 1회 한다.

8. 반죽을 2cm 높이가 되도록 밀어 6등분으로 잘라 겹쳐준다.

9. 겹친 반죽을 0.5cm 간격으로 잘라준다.

10. 9를 밀대로 살짝 밀어준다.

11. 10위에 앙금을 올려 돌돌 말아준다.

12. 한 쪽 끝은 가운데로 모아서 집어주고, 나머지 한 쪽 끝은 물고기 꼬리모양으로 만들어 준다.

13. 140°C 낮은 온도의 기름에서 3~4분간 서서히 튀겨 완성한다.

흰 밀가루와 먹물을 넣은 밀가루로
물고기의 눈을 형상

단호박 가루를 첨가한 밀가루로
입을 나타내었다.

8cm

TIP

꼬리부분을 잘 집어 주지 않으면 풀리게 되니
유의 한다.

금붕어 딤섬

金鱼儿饺子(jīnyúer jiǎozi) 찐위얼 찌아오즈

기본반죽

밀가루 250g,
물(100℃) 140g,
백련초가루 10g

속재료

생선살100g, 파 30g,
양파 30g, 표고 10g,
생강 7g, 파기름 25g,
소금 1g, 후추 2g,
치킨분말 3g, 조미료 1g

과정

1. 볼에 계량한 재료를 넣고 익반죽한 뒤, 반죽을 소량 분할하여 피를 만들어준다.
2. 피에 속재료를 넣은 뒤, 윗부분을 남기고 반으로 접어 가운데를 집어준다.
3. 윗부분을 이등분하여 그림과 같이 양쪽으로 집어준다.
4. 몸통과 꼬리부분을 나누어 그림과 같이 집어주고 꼬리부분을 눌러준다.
5. 가위를 이용하여 꼬리부분을 3등분 해준다.
6. 손으로 눌러주어 꼬리 모양을 만들어 준다.
7. 6에서 양쪽으로 집어준 눈 부분을 돌려 집어준다.
8. 가운데 부분을 그림과 같이 주름을 넣어준다.
9. 찜기에 넣어 10분간 쪄서 완성한다.

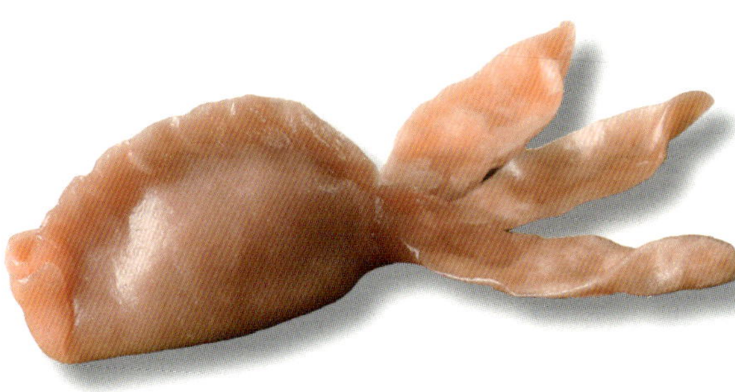

TIP

물고기 모양 또한 여러가지 색깔을 낼 수 있다.
눈알에 표고버섯을 넣으면 모양이
한결 나아진다.

물오징어 딤섬

鲜鱿鱼饺子(xiān yóuyú jiǎozi) 씨엔 요우위 찌아오즈

기본반죽

밀전분 150g,
감자전분 150g,
물(100℃) 300g

속재료

오징어 30g, 부추 30g,
파 20g, 죽순 20g,
표고 30g, 생강 5g,
파기름 30g, 소금 1g,
후추 1g, 치킨분말 1g,
조미료 2g

과정

1. 모든 재료를 각각 계량한다.
2. 볼에 밀전분과 감자전분을 넣고 익반죽 한다.
3. 2의 반죽을 소량 분할하여 딤섬칼을 이용하여 피를 만들어 준다.
4. 피에 속재료를 넣어 윗부분을 남기고 반으로 접어 가운데를 집어준다.
5. 윗부분을 2등분하여 뒤집어서 집어주어 귀를 만들어준다.
6. 다시 뒤집어서 가운데 부분을 가위로 잘라준다.
7. 몸통과 꼬리부분을 나누어 그림과 같이 집어주고 꼬리부분을 눌러준다.
8. 가위를 이용하여 다리를 만들어준다.
9. 모양을 다듬고 찜기에 넣어 7분간 쪄서 완성한다.

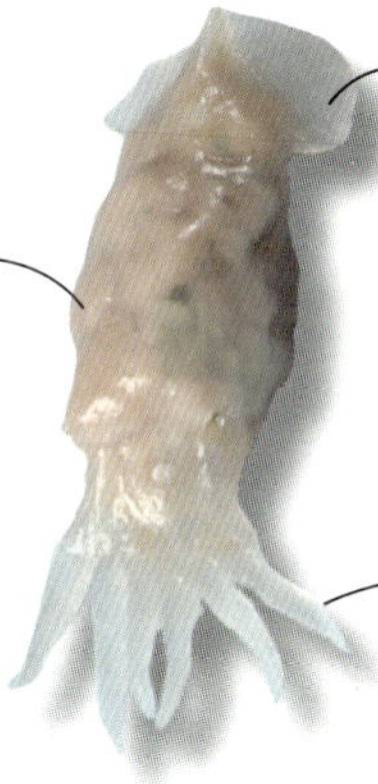

TIP

오징어 형상을 주기위해 속을 검은색으로 채워 주면 한결 나아 보인다.
흑임자를 이용하여 눈을 만들어 주어도 된다.

검정깨파이

黑芝麻酥(hēizhīmá sū) 헤이쯔마 쑤

기본반죽

a. 겉반죽

밀가루 500g,
물 260g, 마가린 80g

b. 속반죽

밀가루 500g, 마가린 300g

속재료(5개 기준)

팥앙금 40g

고명

흑임자, 꿀

과정

1~3. 기본반죽 재료 a, b를 각각 계량하여 반죽 한다.

4. 겉반죽을 치대어 얇게 민 뒤 그 위에 속반죽을 올려 표면을 그림과 같이 평평하게 펴준다.

5. 겉반죽이 속반죽을 감싸도록 덮어서 끝부분을 집어준다.

6. 15분간 비닐을 덮어 휴지(休止)를 시킨 뒤 직사각형 모양으로 밀어준다.

7. 3절 접기를 1회 한다.

8. 반죽을 2cm 높이가 되도록 밀어 6등분으로 잘라 겹쳐준다.

9. 지름 6cm 원형 틀로 찍고 밀대로 살짝 밀어 안에 앙금을 넣어준다.

10. 겹치는 부분을 집어 공모양을 만들고 살짝 눌러준다.

11. 140°C 낮은 온도의 기름에서 3~4분간 서서히 튀겨 완성한다.

12. 튀긴 파이 모서리 부분에 꿀을 바른 후 흑임자를 묻혀준다.

TIP

튀긴 파이에 꿀을 발라 흑임자를 굴려서 묻힌다.

크리스탈 새우 딤섬

晶莹鲜笋饺子(jīngyíng xiān sǔn jiǎozi) 진잉 씨엔 쑨 찌아오즈

기본반죽

밀전분 150g,
감자전분 150g,
물(100℃) 300g

속재료

새우 100g, 파 50g,
생강 5g, 파기름 30g,
소금 1g, 후추 1g,
치킨분말 3g, 조미료 2g

과정

1. 모든 재료를 각각 계량한다.
2. 볼에 밀전분과 감자전분을 넣고 익반죽 한다.
3. 2의 반죽을 소량 분할하여 딤섬칼을 이용하여 피를 만들어 준다.
4. 피에 속재료를 올려준다.
5. 반으로 접어준다.

6, 7. 피를 한쪽으로 밀면서 끝부분에 붙여 그림과 같이 주름을 잡는다.

8. 속재료가 나오지 않도록 윗부분을 잘 집어준다.
9. 모양을 다듬고 찜기에 넣어 7분간 쪄서 완성한다.

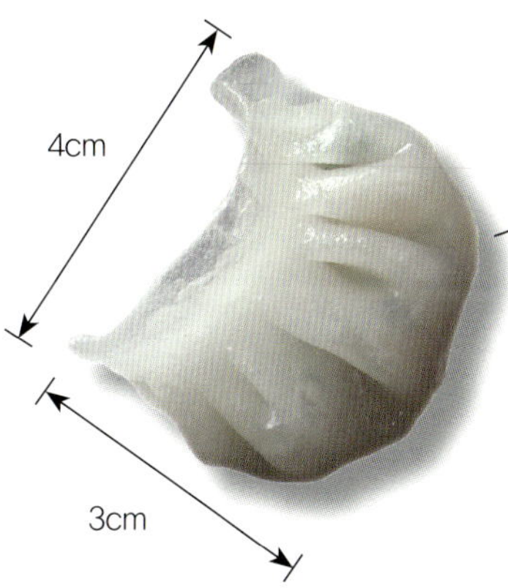

TIP

밀전분을 흔히 등분이라고 하며
반죽을 얇게 밀때는 중식도와 비슷한 덤섬칼
를 사용해야 얇게 된다.

들국화 파이

野菊花酥(yějúhuā sū) 예지우화 쑤

기본반죽

a. 겉반죽

밀가루 500g,

물(치자가루 10g) 260g,

마가린 80g,

b. 속반죽

밀가루 500g, 마가린 300g

속재료(5개 기준)

딸기잼 10g

과정

1~3. 기본반죽 재료 a, b를 각각 계량하여 반죽 한다.

4. 겉반죽을 치대어 얇게 민 뒤 그 위에 속반죽을 올려 표면을 그림과 같이 평평하게 펴준다.

5. 겉반죽이 속반죽을 감싸도록 덮어서 끝부분을 집어준다.

6. 15분간 비닐을 덮어 휴지(休止)를 시킨 뒤 직사각형 모양으로 밀어준다.

7. 3절 접기를 1회 한다.

8. 반죽을 1cm 높이가 되도록 밀어 가로 1.5cm, 세로 10cm로 잘라준다.

9. 그림과 같이 검지 손을 가운데에 두고 돌돌 말아준다.

10. 가위를 이용하여 끝 0.5cm를 남기고 잘라준다.

11. 140℃ 낮은 온도의 기름에서 3~4분간 서서히 튀겨 완성한다.

TIP

딸기잼을 넣어 달콤하며 바삭한
파이 디저트를 즐길수 있으며, 생크림을 넣으면
부드러운 식감을 살릴 수 있다.

꽃파이

花朵酥(huāduǒ sū) 화두오 쑤

기본반죽

a. 겉반죽

밀가루 500g,

물(시금치물) 260g,

마가린 80g

b. 속반죽

밀가루 500g,

마가린 300g

과정

1~3. 기본반죽 재료 a, b를 각각 계량하여 반죽 한다.

4. 겉반죽을 치대어 얇게 민 뒤 그 위에 속반죽을 올려 표면을 그림과 같이 평평하게 펴준다.

5. 겉반죽이 속반죽을 감싸도록 덮어서 끝부분을 집어준다.

6. 15분간 비닐을 덮어 휴지(休止)를 시킨 뒤 직사각형 모양으로 밀어준다.

7. 3절 접기를 1회 한다.

8. 반죽을 0.5cm 높이로 밀어 지름 6cm 원형 틀로 찍어준다.

9. 5등분하여 가운데 1cm를 두고 칼집을 넣어준다.

10. 5개의 끝을 가운데에 붙여 바람개비 모양을 만들어준다.

11. 140°C 낮은 온도의 기름에서 3~4분간 서서히 튀겨 완성한다.

TIP

과정컷 10번에서 5개의 잎을 한데 모은 뒤 꽉 눌러주어야 풀어지지 않는다.

소머리 찐빵

牛头馒首(niútóu mánshǒu) 니우토우 만쇼우

기본반죽

식용유 10g,
밀가루 1000g,
베이킹파우더 10g,
생이스트 20g,
설탕 100g,
소금 10g,
물 570g

속재료

소고기 100g, 양파 80g,
파 40g, 표고 20g,
마늘 10g, 생강 5g,
파기름 36g, 후추 2g,
치킨분말 6g, 조미료 2g

과정

1. 볼에 모든 재료를 넣고 손으로 섞은 후 반죽을 만들어 30℃에서 30~40분간 발효시킨다.
2. 발효된 반죽을 길쭉하게 만든 후 손으로 떼어준다.
3. 2의 반죽을 소량 분할하여 밀대로 밀어 공기를 빼준다.
4. 피에 속재료를 넣고 그림처럼 만들어 준 뒤 가운데 부분을 집어준다.
5. 밑 부분은 2등분 하여 집어준 뒤 그림처럼 돌려 코를 만들어 준다.
6. 윗 부분을 도구를 이용하여 가운데로 밀어 뿔을 만들어 준다.
7. 흑임자로 눈을 붙이고 찜기에 넣어 10분 쪄서 완성한다.

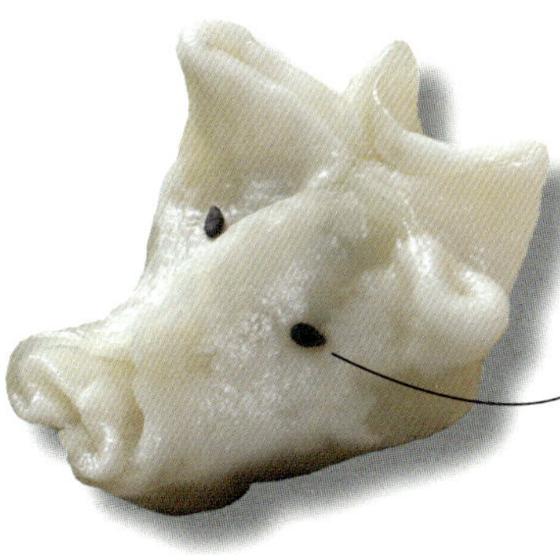

TIP

베이킹 파우더와 이스트가 들어가면
작품 완성 후 찜기에 들어가기 전에
20분간 실온에 보관 후 쪄낸다.

월병

月饼(yuèbing) 위에삥

기본반죽

밀가루 100g,
연유 11g,
버터 55g

속재료

팥앙금 50g, 땅콩 20g,
크랜배리 20g, 건포도 20g,
해바라기씨 10g

계란노른자

과정

1. 볼에 계량한 겉재료를 모두 넣고 섞은 후 월병반죽을 만들고 그 위에 속재료를 올려 준다.
2. 속재료를 넣고 그림과 같이 속이 터지지 않도록 겹치는 부분을 집어 공 모양으로 만들어 준다.

3, 4. 월병 틀에 공 모양 반죽을 눌러 넣어준다.

5, 6. 도마위에 두고 꾹 누른 후 천천히 떼어준다.

7. 월병 위에 노른자를 얇게 바르고 오븐에 넣어 180℃에서 10분간 구워준다.

TIP

노른자가 익으면서 짙은색을 띈다.
중국인들의 대표 간식으로 명절때와
고위 간부급 인사이동 때 대량으로 판매된다.

얼음 월병

冰月饼(bīng yuèbing) 삥 위에삥

기본반죽

밀전분 100g,
연유 11g,
돼지기름 55g

속재료

팥앙금 50g, 땅콩 20g

과정

1. 볼에 계량한 겉재료를 모두 넣고 섞은 후 월병반죽을 만들고 그 위에 속재료를 올려 준다.
2. 땅콩은 다져 계량한 팥앙금과 섞어 속재료를 만들고 월병반죽에 넣어준다.
3. 속재료를 넣고 그림과 같이 속이 터지지 않도록 겹치는 부분을 집어 공 모양으로 만들어 준다.
4. 월병 틀에 공 모양 반죽을 눌러 넣어준다.

5, 6. 도마위에 두고 꾹 누른 후 천천히 떼어준다.

7. 140℃에서 30분간 구워 낸다.

TIP

부잣집 사람들에게만 허용된다던 중국인들의
최고급 딤섬으로 통한다.
속재료에 각종 견과류를 넣어주기도 한다.

석류파이

石榴酥(shíliu sū) 쓰리우 쑤

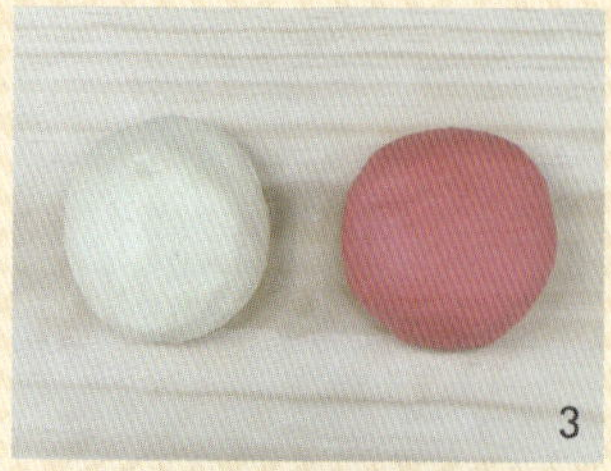

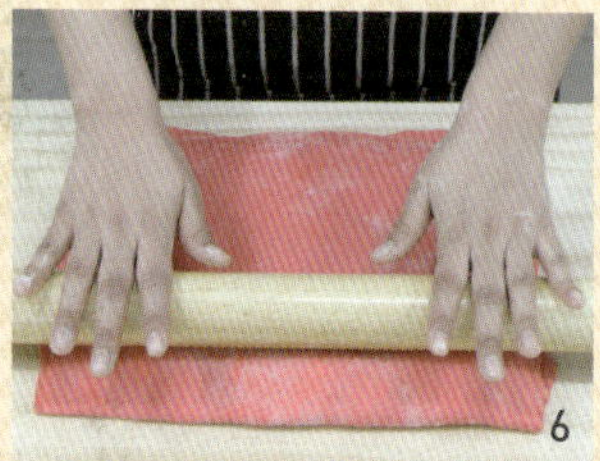

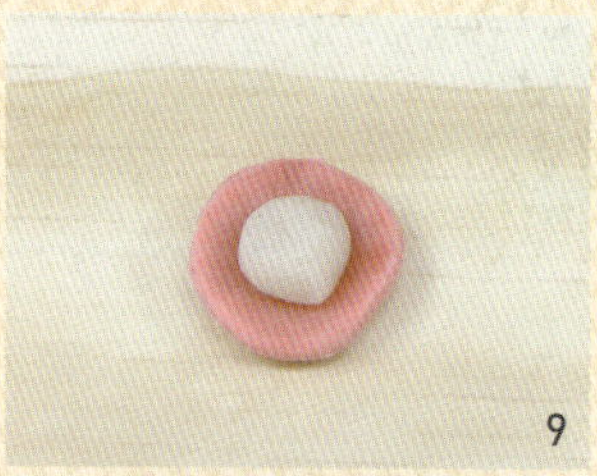

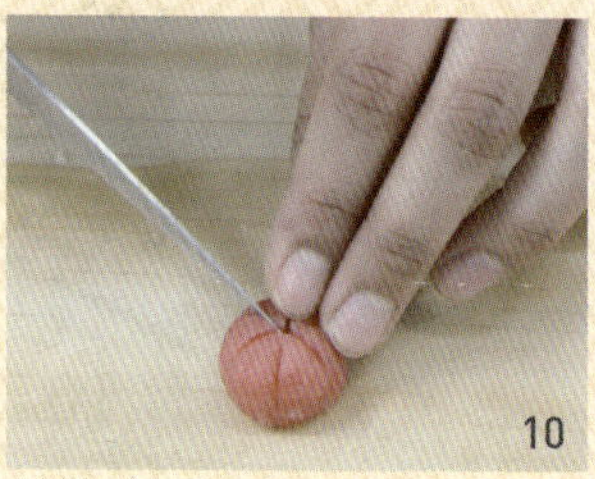

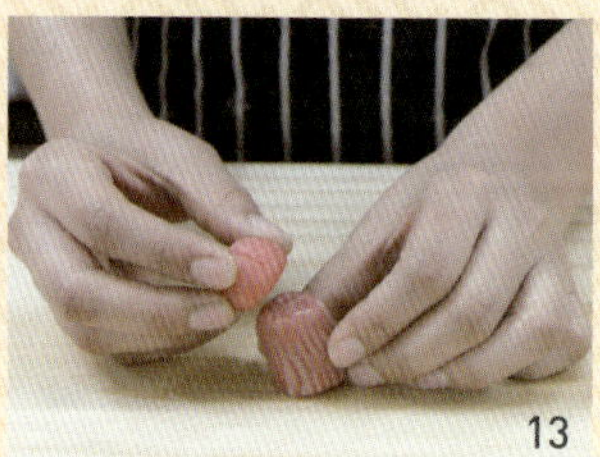

기본반죽

a. 겉반죽

밀가루 500g,
물(백련초가루 10g) 260g,
마가린 80g

b. 속반죽

밀가루 500g, 마가린 300g

속재료(5개 기준)

팥앙금 50g, 백앙금 30g,
석류가루 10g

과정

1~3. 기본반죽 재료 a, b를 각각 계량하여 반죽 한다.
4. 겉반죽을 치대어 얇게 민 뒤 그 위에 속반죽을 올려 표면을 그림과 같이 평평하게 펴준다.
5. 겉반죽이 속반죽을 감싸도록 덮어서 끝부분을 집어준다.
6. 15분간 비닐을 덮어 휴지(休止)를 시킨 뒤 직사각형 모양으로 밀어준다.
7. 3절 접기를 1회 한다.
8. 반죽을 0.5cm 높이가 되도록 밀어 지름 2cm 원형틀로 찍어준다.
9. 8위에 앙금을 올려 공 모양으로 만들어준다.
10. 그림과 같이 위에 6등분으로 칼집을 넣어준다.
11. 겹친 반죽을 0.5cm가 되도록 잘라 밀대로 살짝 밀어준다.
12. 앙금을 넣고 돌돌 말아 양 쪽 끝을 정리한다.
13. 꿀을 이용해 10번과 12번을 붙여준다.
14. 140°C 낮은 온도의 기름에서 3~4분간 서서히 튀겨 완성한다.

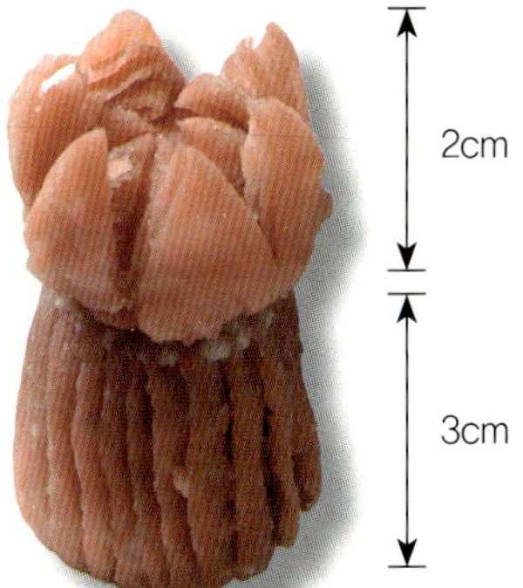

TIP

튀길 시 꿀이 묻은 부분은 잘 타기 때문에
꿀을 지저분하지 않게 깨끗이 바른다.

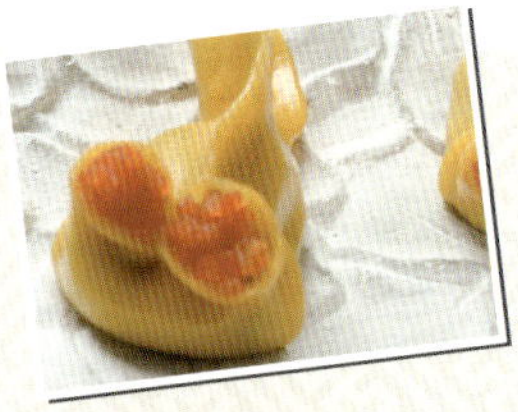

올챙이 딤섬

蝌蚪饺子(kēdǒu jiǎozi) 커도우 찌아오즈

기본반죽

밀가루 250g,
물(100℃) 140g,
치자가루 10g

속재료

새우 100g, 표고 50g,
파 30g, 생강 7g,
스트링치즈 3g, 후추 1g,
치킨분말 3g, 조미료 1g

고명

홍피망

과정

1. 볼에 계량한 재료를 넣고 익반죽한 뒤, 반죽을 소량 분할하여 피를 만들어준다.
2. 피에 속재료를 올려준다.
3. 이등변 삼각형 모양을 잡아서 안쪽으로 그림과 같이 피를 올려준다.
4. 가운데를 집어 준다.

5, 6. 속재료가 나오지 않도록 눈부분과 꼬리부분을 집어준다.

7. 눈부분을 바깥쪽으로 돌려 양쪽으로 커다란 눈을 만들어 준다.
8. 중간부터 꼬리부분까지 위아래로 집어 그림과 같이 꼬리부분에 주름을 만들어 준다.
9. 모양을 다듬고 찜기에 넣어 10분간 쪄서 완성한다.
10. 홍피망을 0.5cm 정육면체로 썰어 팬에 살짝 볶는다.
11. 홍피망을 다져 눈에 고명을 올려준다.

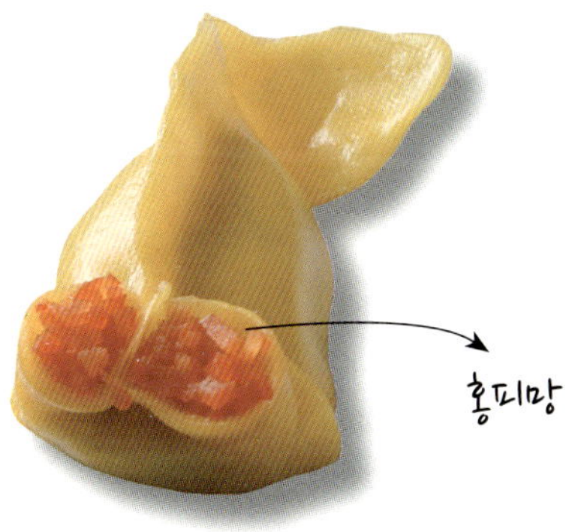

TIP

간단하면서 예쁘게 모양 낼 수 있는 딤섬으로 중국 현지에서 많이 만드는 모양이다.

매미 딤섬

蝉饺子(chán jiǎozi) 챠-햔 찌아오즈

기본반죽

a. 밀가루 250g, 물(100℃) 140g,

b. 감자전분 250g, 물(100℃) 130g

속재료

소고기 100g, 양파 80g,

파 40g, 표고 20g,

마늘 10g, 생강 5g,

파기름 36g, 후추 2g,

치킨분말 6g, 조미료 2g

과정

1. 기본반죽 재료 a, b를 각각 계량하여 익반죽 한다.
2. 각각 반죽한 기본반죽 a, b를 섞어서 치대준다.
3. 2의 반죽을 소량 분할하여 피를 밀대로 밀어 준비한다.
4. 그림과 같이 이등변 삼각형을 만들어 양 옆 피를 접어준다.
5. 뒤집어서 소를 채워준다.

6, 7. 5를 접어서 그림과 같이 만들어 모서리 부분을 집어준다.

8. 머리를 만들 수 있도록 모양을 다듬는다.
9. 앞부분을 잡아 날개부분으로 당겨 붙여 머리와 입을 만들어준다.

10, 11. 모서리 부분을 그림과 같이 아래위로 움직이며 주름을 만든다.

12. 그림과 같이 날개 부분을 올려준다 .
13. 모양을 다듬고 찜기에 넣어 10분간 쪄서 완성한다.

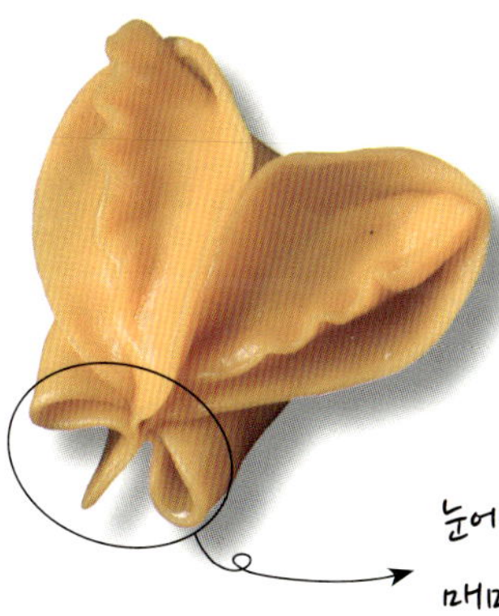

눈에 당근이나 표고버섯을 다져서 넣으면
매미의 눈을 형상할 수 있다.

흰깨파이

白芝麻酥(báizhīmá sū) 바이쯔마 쑤

기본반죽

a.겉반죽

밀가루 500g,
물(오징어먹물 10g) 260g,
마가린 80g

b. 속반죽

밀가루 500g, 마가린 300g

속재료(5개 기준)

백앙금 40g, 깨 20g

고명

흰깨, 꿀

과정

1~3. 기본반죽 재료 a, b를 각각 계량하여 반죽 한다.

4. 겉반죽을 치대어 얇게 민 뒤 그 위에 속반죽을 올려 표면을 그림과 같이 평평하게 펴준다.

5. 겉반죽이 속반죽을 감싸도록 덮어서 끝부분을 집어준다.

6. 15분간 비닐을 덮어 휴지(休止)를 시킨 뒤 직사각형 모양으로 밀어준다.

7. 3절 접기를 1회 한다.

8. 반죽을 0.5cm 높이로 밀어 지름 6cm 원형 틀로 찍어준다.

9. 가운데에 앙금을 넣어준다.

10. 겹치는 부분을 집어 공 모양으로 만들어준다.

11. 10을 살짝 눌러서 가운데 부분에 꿀을 바르고 깨를 묻혀준다.

12. 170°C에서 15분간 오븐에서 구워 완성한다.

TIP

작품을 잘라보면 파이층이 생겨 있다.

돼지 찐빵

猪馒首(zhū mánshǒu) 쮸 만쇼우

기본반죽

식용유 10g,
밀가루 1000g,
베이킹파우더 10g,
생이스트 20g,
설탕 100g,
소금 10g,
물 570g

속재료

팥앙금 50g(5개 기준)

과정

1. 볼에 모든 재료를 넣고 손으로 섞은 후 반죽을 만들어 30℃에서 30~40분 정도 발효시킨다.
2. 발효된 반죽을 길쭉하게 만든 후 손으로 떼준다.
3. 밀대로 밀어 공기를 빼준다.
4. 속에 앙금을 넣어준다.

5, 6, 7. 겹치는 부분을 집어 공모양으로 만들어 준다.

8. 미리 준비해 둔 돼지 귀와, 코, 눈을 붙여 완성한다(반죽 일부를 떼어내 백련초 등으로 색을 낸다).
9. 170℃에서 15분간 오븐에서 구워 완성한다.

TIP

다른 돼지 모양으로도 응용할 수 있다.

새우춘권

虾肉春捲(xiāròu chūnjuǎn) 씨아로우 춘쥐엔

재료

춘권피, 밀가루 풀

속재료

당근 3/2, 양파 1/2,
청피망 2개, 홍피망 1개,
돼지등심 100g,
새우 5마리(5개 기준)

과정

1. 야채와 고기는 4×0.3cm로 채썰어 팬에 코팅을 한 후 고기 먼저 볶아준다.
2. 고기가 어느 정도 익으면 야채를 넣어 간을 하면서 볶아준다.
3. 춘권피를 깔아준다.

4, 5. 위 쪽 모서리에 밀가루 풀을 묻히고 속재료를 넣어 준다.

6, 7. 그림과 같이 돌돌 잘 말아준다.

8. 모양을 다듬고 180℃의 기름에서 노릇노릇 튀겨준다.

TIP

밀가루 풀(밀가루 1 : 물 1)을 잘 섞어 둔다.

*간장소스

간장 : 설탕 : 식초 = 1 : 1 : 1

에그타르트

蛋挞(dàntà) 딴타

기본반죽

밀가루200g,
버터 120g,
슈가파우더 280g,
달걀 1개(50g)

커스타드크림

연유 80g, 달걀 4개(200g),
물 300g, 설탕 120g

과정

1. 볼에 계량한 반죽재료를 모두 넣어 파이반죽을 만든다.
2. 계량한 커스타드크림을 볼에 모두 넣어 휘핑해준다.
3. 파이반죽을 밀대로 1~2cm로 밀어준다.
4. 원형 틀로 찍어 파이반죽을 만든다.

5, 6. 은박지 머핀 틀에 파이반죽을 담아 철판에 옮겨준다.

7. 커스타드크림을 넣고 오븐에 넣어 190℃에서 12분간 구워준다.

TIP

밀가루와 슈가파우더로 반죽하여 쫀득한 식감을 나타내며 커스타드 크림은 부드럽다.

장구파이

腰鼓酥(yāogǔ sū) 야오구 쑤

기본반죽

a. 겉반죽

밀가루 500g,
물(백련초가루 5g) 260g,
마가린 80g

b. 속반죽

밀가루 500g, 마가린 300g

속재료(5개 기준)

팥앙금 40g

고명

코코넛 가루, 꿀

과정

1~3. 기본반죽 재료 a, b를 각각 계량하여 반죽 한다.

4. 겉반죽을 치대어 얇게 민 뒤 그 위에 속반죽을 올려 표면을 그림과 같이 평평하게 펴준다.

5. 겉반죽이 속반죽을 감싸도록 덮어서 끝부분을 집어준다.

6. 15분간 비닐을 덮어 휴지(休止)를 시킨 뒤 직사각형 모양으로 밀어준다.

7. 3절 접기를 1회 한다.

8. 겹친 반죽을 0.5cm 간격으로 잘라준다.

9. 8을 밀대로 살짝 밀어준다.

10. 9위에 앙금을 올려 돌돌 말아준다.

11. 양쪽 끝을 잘라 마무리한다.

12. 140°C 낮은 온도의 기름에서 3~4분간 서서히 튀겨 완성한다.

13. 튀긴 파이 양끝에 꿀을 바른 후 코코넛 가루를 묻힌다.

TIP

장구파이를 튀긴뒤 꿀을 양 끝에 바르고 코코넛 가루를 묻혀 준다.

우유양갱

牛奶羊羹(niúnǎi yánggēng) 니우나이 양껑

a. 흰우유 100g,
한천가루 5g,
연유 20g

b. 초코우유 100g,
한천가루 5g,
연유 20g

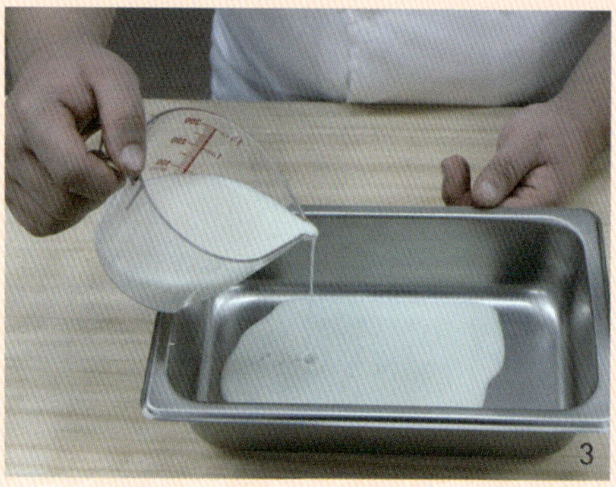

과정

1. 계량한 흰 우유와 연유를 섞은 볼에 한천가루를 넣어 준다.
2. 초코우유도 1과 같이 해준다.
3. 냄비에 흰우유와 초코우유를 각각 냄비에 넣어 한천가루가 녹을 때까지 5분가량 약불로 서서히 끓여준다.
4. 틀에 흰 우유를 먼저 부어 굳힌 다음 초코우유를 부어 굳힌다.
5. 먹기 좋은 크기로 잘라 완성한다.

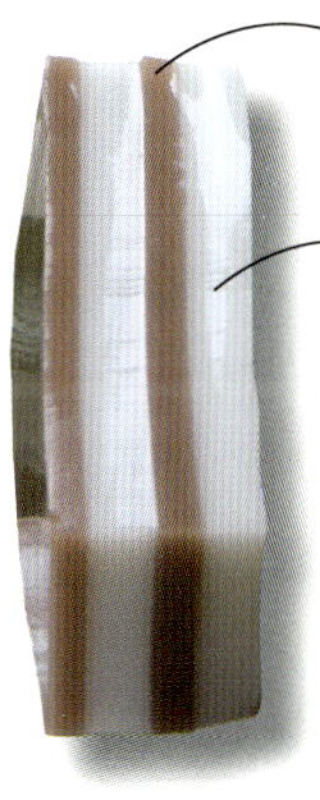

TIP

틀에 달라 붙을 경우 비닐이나 랩을 깔고 우유를 굳힌다.

비단 물고기 양갱

锦鱼羊羹(jǐnyú yánggēng) 진위 양껑

기본반죽

한천가루 5g,
매실 원액 30g,
물 70g

1

2

과정

1. 매실엑기스를 섞어준다.
2. 냄비에 1과 한천가루를 넣어 한천가루가 녹을 때까지 약불로 5분간 서서히 끓여준다.
3. 물고기 틀에 넣고 시원한 곳 또는 냉장고에서 굳혀준다.

TIP

매실 양갱을 물고기로 형상하였으며
한천이 녹을 때까지 약불로 끓지 않는 온도로
녹여야 한다.

금사탕

金糖酥(jīntáng sū) 찐탕 쑤

기본반죽

a. 겉반죽

밀가루 500g,

물(치자가루 10g, 파란식용색소 3g) 260g,

마가린 80g,

b. 속반죽

밀가루 500g, 마가린 300g

속재료(5개 기준)

아몬드 초코볼 5개

과정

1~3. 기본반죽 재료 a, b를 각각 계량하여 반죽 한다.

4. 겉반죽을 치대어 얇게 민 뒤 그 위에 속반죽을 올려 표면을 그림과 같이 평평하게 펴준다.

5. 겉반죽이 속반죽을 감싸도록 덮어서 끝부분을 집어준다.

6. 15분간 비닐을 덮어 휴지(休止)를 시킨 뒤 직사각형 모양으로 밀어준다.

7. 3절 접기를 1회 한다.

8. 반죽을 2cm 높이가 되도록 밀어 6등분으로 잘라 겹쳐준다.

9. 8을 밀대로 살짝 밀어준다.

10. 9위에 아몬드 초코볼을 올려 돌돌 말아준다.

11. 아몬드 초코볼을 감싼 뒤, 가위를 이용하여 끝을 자르고 다듬는다.

12. 140°C 낮은 온도의 기름에서 3~4분간 서서히 튀겨 완성한다.

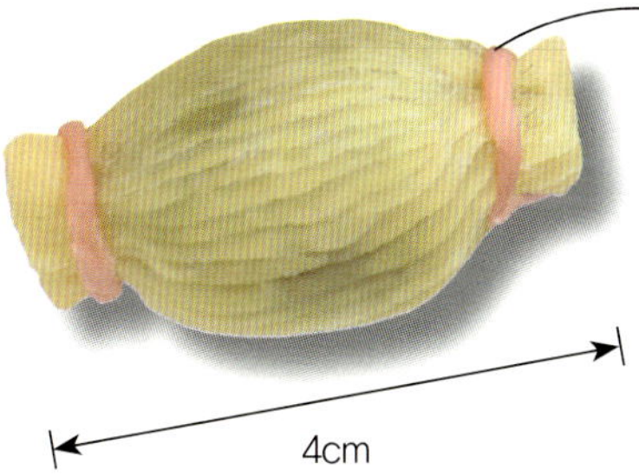

백년초 가루로 반죽하여 사탕을 더욱더
사탕처럼 보이게 표현하였다.

새우딤섬

虾馒首(xiā mánshǒu) 씨아 만쇼우

기본반죽

a. 감자전분 250g, 물(100℃) 130g

b. 밀가루 250g, 물(100℃) 140g

속재료

부추 30g, 파 20g,
죽순20g, 표고 30g,
생강 5g, 파기름 30g,
소금 1g, 후추 1g,
치킨분말 1g, 조미료 2g
새우 5마리(5개 기준)

과정

1. 기본반죽 재료 a, b를 각각 계량하여 익반죽 한다.
2. 각각 반죽한 기본반죽 a, b를 섞어서 치대준다.
3. 2의 반죽을 소량 분할하여 피를 밀대로 밀어 준비한다.
4. 피에 속재료를 넣고 손질한 새우를 올려준다.
5. 반으로 접어 끝을 집어준다.
6. 엄지를 이용하여 안쪽으로 집어준다.
7. 옆으로 당기면서 반대편 안쪽에 집어준다.
8. 속재료가 나오지 않도록 끝부분을 잘 집어준다.
9. 모양을 바로 잡아 찜기에 넣고 10분간 쪄서 완성한다.

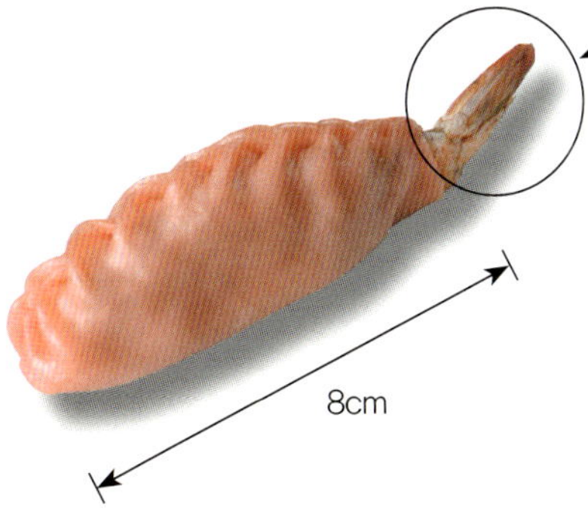

새우 꼬리를 살려 주는게 예쁜 모양이 나온다.

꽈배기 파이

麻花酥(máhuā sū) 마화 쑤

기본반죽

a. 겉반죽

밀가루 500g,
물(시금치물) 260g,
마가린 80g,

b. 속반죽

밀가루 500g, 마가린 300g

과정

1~3. 기본반죽 재료 a, b를 각각 계량하여 반죽 한다.

4. 겉반죽을 치대어 얇게 민 뒤 그 위에 속반죽을 올려 표면을 그림과 같이 평평하게 펴준다.

5. 겉반죽이 속반죽을 감싸도록 덮어서 끝부분을 집어준다.

6. 15분간 비닐을 덮어 휴지(休止)를 시킨 뒤 직사각형 모양으로 밀어준다.

7. 3절 접기를 1회 한다.

8. 반죽을 0.5cm 높이가 되도록 밀어 1 × 4cm로 잘라준다.

9. 3개의 칼집을 내준다.

10. 가운데에 칼집 낸 부분으로 돌려 그림과 같이 매작과 모양을 만들어준다.

11. 140℃ 낮은 온도의 기름에서 3~4분간 서서히 튀겨 완성한다.

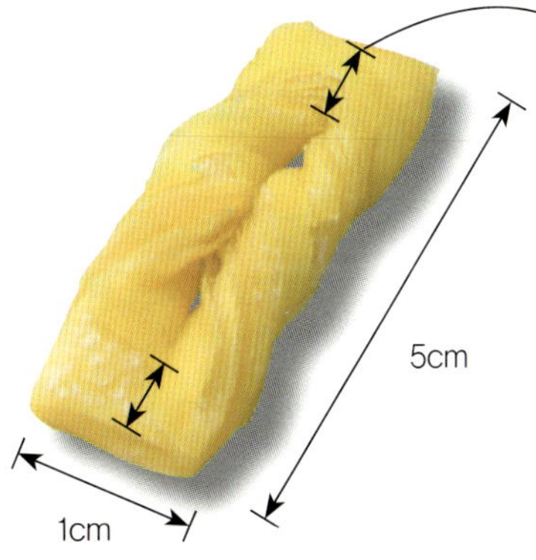

양쪽 1cm을 남겨 놓고 칼집을 넣는다.

TIP

한국의 매작과와 비슷한 형상으로 만들어 준다.

연유튀김

乳油炸(liànrǔ yóuzhá) 리엔루 요우쟈

기본반죽

식용유 10g, 밀가루 1000g,
베이킹파우더 10g,
생이스트 20g, 설탕 100g,
소금 10g, 물 570g

속재료

분유 30g, 물엿 10g, 물 100g,
연유 30g, 한천 5g

고명

코코넛 가루, 꿀

과정

1. 볼에 모든 재료를 넣고 섞은 후 반죽을 만들고 30℃에서 30분 정도 발효시킨다(3배 이상 부푼다).
2. 발효된 반죽을 소량씩 떼어준다.
3. 밀대로 밀어 공기를 빼준다.
4. 밀대로 핀 반죽을 그림과 같이 손 위에 올려둔다.
5. 속에 얼려둔 연유앙금을 넣어준다.

6, 7, 8. 겹치는 부분을 집어 속이 터지지 않도록 공모양으로 만들어 준다.

9. 공모양으로 다시 다듬어 준다.
10. 180℃의 기름에서 5분간 튀겨서 코코넛 가루를 묻혀 완성한다.

TIP

누구나 좋아하는 딤섬의 일종으로 고급 요리에 해당한다. 튀긴 딤섬에 꿀을 바르고 코코넛 가루를 묻혀 낸다.

새우말이 파이

虾卷酥(xiājuǎn sū) 씨아좐 쑤

기본반죽

a. 겉반죽

밀가루 500g,
물(치자가루 10g, 백련초가루 10g, 파란식용색소 3g) 260g,
마가린 80g

b. 속반죽

밀가루 500g, 마가린 300g

속재료(5개 기준)

대하 5개

과정

1~3. 기본반죽 재료 a, b를 각각 계량하여 반죽 한다.

4. 겉반죽을 치대어 얇게 민 뒤 그 위에 속반죽을 올려 표면을 그림과 같이 평평하게 펴준다.

5. 겉반죽이 속반죽을 감싸도록 덮어서 끝부분을 집어준다.

6. 15분간 비닐을 덮어 휴지(休止)를 시킨 뒤 직사각형 모양으로 밀어준다.

7. 3절 접기를 1회 한다.

8. 반죽을 2cm 높이가 되도록 밀어 6등분으로 잘라 겹쳐준다.

9. 8을 밀대로 살짝 밀어준다.

10. 새우의 머리와 꼬리를 남기고 껍질을 모두 제거한 후 돌돌 말아준다.

11. 겹치는 부분을 집어 마무리해준다.

12. 140°C 낮은 온도의 기름에서 3~4분간 서서히 튀겨 완성한다.

TIP

새우 손질시 새우 눈알과 수염을 꼭 제거해 준다(기름에 튀길 시 눈알이 터질 수 있음).

부채 파이

扇子酥(shànzi sū) 샨즈 쑤

기본반죽

a. 겉반죽

밀가루 500g,

물(파란식용색소 1g) 260g,

마가린 80g

b. 속반죽

밀가루 500g, 마가린 300g

속재료(5개 기준)

팥앙금 40g(

과정

1~3. 기본반죽 재료 a, b를 각각 계량하여 반죽 한다.

4. 겉반죽을 치대어 얇게 민 뒤 그 위에 속반죽을 올려 표면을 그림과 같이 평평하게 펴 준다.

5. 겉반죽이 속반죽을 감싸도록 덮어서 끝부분을 집어준다.

6. 15분간 비닐을 덮어 휴지(休止)를 시킨 뒤 직사각형 모양으로 밀어준다.

7. 3절 접기를 1회 한다.

8. 반죽을 1cm 높이가 되도록 밀어 6등분으로 잘라 겹쳐준 뒤 0.5cm 간격으로 잘라준다.

9. 8을 밀대로 살짝 밀어준다.

10. 반으로 잘라 그 사이에 앙금을 넣어 끝부분을 집어준다.

11. 칼 뒷부분을 이용하여 기타 모양으로 칼집을 넣어준다.

12. 140°C 낮은 온도의 기름에서 3~4분간 서서히 튀겨 완성한다.

밀가루를 밀어서 튀겨내거나
막대과자를 꽂아도 무관하다

TIP

중국의 신선들이나 황제들이 사용하는 부채를
형상하였다.

가방 파이

挎包酥(kuàbāo sū) 콰바오 쑤

기본반죽

겉반죽

밀가루 500g,
물(치자가루 10g, 시금치물) 260g,
마가린 80g

속반죽

밀가루 500g,
마가린 300g

속재료(5개 기준)

백앙금 40g

과정

1~3. 기본반죽 재료 a, b를 각각 계량하여 반죽 한다.

4. 겉반죽을 치대어 얇게 민 뒤 그 위에 속반죽을 올려 표면을 그림과 같이 평평하게 펴준다.

5. 겉반죽이 속반죽을 감싸도록 덮어서 끝부분을 집어준다.

6. 15분간 비닐을 덮어 휴지(休止)를 시킨 뒤 직사각형 모양으로 밀어준다.

7. 3절 접기를 1회 한다.

8. 노란색 반죽을 0.5cm 높이로 밀어 길이대로 얇게 잘라준다.

9. 초록색 반죽도 8과 같이 해준다.

10. 8, 9번을 이용하여 격자무늬로 만들어준다.

11. 밀대로 살짝 밀고 사다리꼴 모양으로 만들어, 속에 앙금을 넣어준다.

12. 두 개를 겹쳐서 끝부분을 집어준다.

13. 140℃ 낮은 온도의 기름에서 3~4분간 서서히 튀겨 완성한다.

먹물로 반죽한 밀가루를 튀겨서
완성된 가방파이에 꽂아준다.

TIP

체크 무늬 가방을 형상한 것으로
만들때 손이 많이 가는 작품이다.

저 자 약 력

하헌수(Heon-su, Ha)

E-mail h2shhs@gu.ac.kr

現) 경주대학교 외식.조리학부 교수
중국제남대학교 석좌교수

가천대학교 경영학박사
국가공인 조리기능장
국가기술자격 조리기능사 실기시험 감독위원
국가기술자격 조리산업기사 실기시험 감독위원
국가기술자격 조리기능장 실기시험 감독위원

2015. 10 국회 김춘진 보건복지위원장 표창장
2015. 10 최우수 논문상(한국조리학회)
2015. 05 우수논문상(한국조리학회)
2013. 01 중국요리사자격증(고급)- 중화인민공화국
2011. 01 차품질평가사(고급)- 중화인민공화국
2006. 10 식품위생관리사
2005. 08 조리사중앙회 회장 표창장

저서

맛있는 중국요리(교문사), 2013. 03
고급 중국요리(교문사), 2014. 01
신 중화일미(드림포트), 2014. 03
사례로 살펴본 외식프랜차이즈 (드림포트), 2014. 08
호텔중국요리(백산출판사), 2015. 02
식품재료학(백산출판사), 2015. 09
식품위생학(한올출판사), 2016. 01

최병철(byeong-cheol, Choi)
E-mail ssuss7890@naver.com

경주대학교 외식.조리학부 졸업

2015. 10 수원전국요리경연대회 중식부문 수원시장상
2015. 05 경주대학교 산학협력단 연구원
2014. 10 경상북도대표 내고장맛자랑경연대회 동상
2014. 10 비슬산자연음식경연대회 은상
2013. 01 중국요리사자격증(고급)- 중화인민공화국
2005. 11 관광서비스경진대회 퓨전조리부문 대상

국가기술자격 한식조리기능사
국가기술자격 양식조리기능사
중국제남대학교 중국면요리수료

배윤경(Yun-gyeong, Bae)
E-mail rmsel_zz@naver.com

경주대학교 외식.조리학부 졸업

2015. 10 수원전국요리경연대회 중식부문 수원시장상
2014. 10 경상북도 대표 내고장맛자랑경연대회 동상
2014. 10 비슬산자연음식경연대회 은상
2014. 9 경북식품박람회 저나트륨요리경연부문 우수상
2013. 5 서울 국제푸드앤테이블웨어박람회 카빙부문 금상
2013. 5 대한민국국제요리경연대회 카빙전시부문 금상
2013. 01 중국요리사자격증(고급)- 중화인민공화국
2012. 11 서울 국제푸드앤테이블웨어박람회 카빙경연부문 금상
2012. 10 전주비빔밥축제 전국요리경연대회 조각전시부문 은상

국가기술자격 한식조리기능사
국가기술자격 양식조리기능사
국가기술자격 중식조리기능사
국가기술자격 일식조리기능사
한국외식산업협회 외식경영관리사
한국농경문화원 전통장류제조사 2급
중국제남대학교 중국면요리수료

별거아닌 딤섬

1판 1쇄 인쇄 2016년 2월 1일
1판 1쇄 발행 2016년 2월 5일

저 자 | 하헌수 · 최병철 · 배윤경
발 행 인 | 강철원
발 행 처 | 양성원
주 소 | 경기도 고양시 일산서구 송산로18(구산동)
전 화 | 031-912-3301(代)
팩 스 | 031-912-3304
이 메 일 | tnwpub@naver.com
출판등록 | 2015년 8월 31일 제2015-000211호

ISBN 979-11-87118-07-7

정가 20,000원